물 아저씨 과학 그림책 3
해 아저씨는 밤이 궁금해

2015년 12월 30일 1판1쇄 발행 | 2025년 3월 15일 1판21쇄 발행

글·그림 | 아고스티노 트라이니   옮김 | U&J
펴낸이 | 나성훈   펴낸곳 | (주)예림당
등록 | 제2013-000041호   주소 | 서울시 성동구 아차산로 153
구매 문의 전화 | 561-9007   팩스 | 562-9007
책 내용 문의 전화 | 3404-9228
http://www.yearim.kr

책임 개발 | 전윤경 / 서인하   디자인 | 이정애   콘텐츠 제휴 | 문하영
제작 | 신상덕 / 박경식   마케팅 | 임상호 전훈승

ISBN 978-89-302-6860-8 74400
ISBN 978-89-302-6857-8 74400(세트)

이 책의 한국어판 저작권은 (주)예림당과 Atlantyca S.p.A.사와의 독점 계약으로 (주)예림당에 있습니다.
저작권법에 의해 한국 내에서 보호를 받는 저작물이므로 무단 전재와 복제를 금합니다.

All names, characters and related indicia contained in this book, copyright of Edizioni Piemme S.p.A.,
are exclusively licensed to Atlantyca S.p.A. in their original version. Their translated and/or adapted
versions are property of Atlantyca S.p.A. All rights reserved.
Text and illustrations by Agostino Traini

©2012 Edizioni Piemme S.p.A., Palazzo Mondadori – Via Mondadori, 1 – 20090 Segrate
©2015 for this book in Korean language – YeaRimDang Publishing Co., Ltd.
International Rights   Atlantyca S.p.A. - foreignrights@atlantyca.it – www.atlantyca.com
Original Title: IL SOLE SI METTE IL PIGIAMA
Translation by: 해 아저씨는 밤이 궁금해

No part of this book may be stored, reproduced or transmitted in any form or by any means, electronic
or mechanical, including photocopying, recording, or by any information storage and retrieval system,
without written permission from the copyright holder. For information address Atlantyca S.p.A.

물 아저씨 과학 그림책 3

해 아저씨는 밤이 궁금해

글·그림 아고스티노 트라이니

예림당

폴고레 할아버지가 고양이 이카로와 함께 책을 읽고 있었어요.
그런데 해 아저씨가 어느새 언덕 너머로 사라지려고 했어요.
"해야, 책을 마저 읽을 수 있게 조금만 더 기다려 줘!"
할아버지가 해 아저씨에게 부탁했어요.

"폴고레 할아버지, 저도 어쩔 수 없어요.
저는 가만히 있는데, 지구가 움직이는 거라서요."
해 아저씨도 아쉬워했어요.
"그게 정말이냐? 내가 직접 확인해 봐야겠군."

"제 몸에서는 빛이 나요. 제가 비추는 곳은 항상 낮이지요.
그래서 저는 밤에 무슨 일이 일어나는지 궁금해요."

"그럼, 밤으로 여행을 가 볼까? 걱정 마라, 해야.
밤에 대해 알아낸 걸 전부 이야기해 줄게."
폴고래 할아버지가 해 아저씨에게 약속했어요.
공기 아주머니는 입김을 훅 불어 열기구를
어두운 쪽으로 밀어 주었어요.

열기구가 낡은 성에 가까이 다가갔어요.
"할아버지, 어두컴컴해서 유령이 나올 것 같아요!"
"겁낼 것 없어. 어두운 밤에는 잘 안 보이니까 자꾸 이런저런 상상을 하게 되어 무서운 거란다."

"밤에는 또 어떤 일이 벌어져요?"
해 아저씨가 또 물었어요.
"밤이 되면 데이지는 꽃잎을 오므리고, 올빼미는 눈을 떠."

"참! 밤에만 돌아다니는 동물들도 있어."
할아버지가 소곤소곤 속삭였어요.
"고양이나 여우 같은 동물들은 밤낮 할 것 없이 여기저기 돌아다니지만, 고슴도치와 박쥐, 올빼미, 반딧불이, 나방은 밤에만 다녀."

"낮에 시끌벅적 북적이는 도시는 밤이 되면 어때요?"

"사람들이 잠들어서 텅 빈 듯 조용하구나."
그때 이카로가 코를 킁킁대며 주위를 두리번거렸어요.
"어디서 고소한 빵 냄새가 나요!"
"아, 저기! 빵집 주인은 밤에도 일을 하네."

조금 더 가니 밤에도 시끌벅적한 도시가 보였어요.
"밤에 잠을 자지 않는 사람들도 많아.
의사와 간호사들은 병원에서 밤을 지새우며 일해."

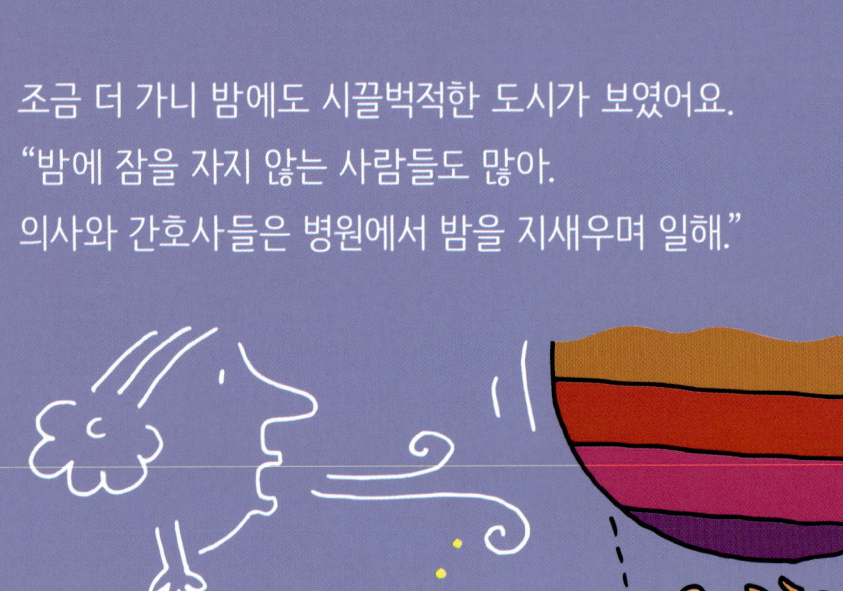

여기는 밤에도 활기차네!

쿨쿨~

"경찰관도 밤에 일해. 기차 기관사와 비행기 조종사도 그렇고. 시험 공부를 하는 학생도 밤에 깨어 있어."
이야기를 들은 해 아저씨는 활기찬 도시의 밤을 상상해 보았어요.

어느덧 밤이 지나고 날이 밝아 오기 시작했어요.
"꼬끼오~!" 수탉 알베르토가 목청껏 울었어요.
해 아저씨가 나타나자 햇살이 퍼져 주위가 환해졌어요.
"할아버지, 밤에 대해 이야기해 주셔서 고맙습니다."

꼬르륵! 폴고레 할아버지와 이카로는 밤새 여행하느라
배가 무척 고팠어요. 갓 구운 빵과 따뜻한 차로 아침을 먹었지요.
빵집 주인 파올로는 밤새 일을 했으니, 이제 잠을 자러 갈 거래요.

배가 부른 폴고레 할아버지와 이카로는
다시 책을 읽기 시작했어요. 이번엔 알베르토도 함께요.
"오늘, 이 책을 전부 읽을 수 있을까요?"
알베르토가 할아버지에게 물었어요.

"할아버지, 오늘은 책을 마음껏 읽으실 수 있을 거예요.
오늘이 일 년 중 낮이 가장 긴 날이거든요."
"뭐라고? 그럼, 낮의 길이가 항상 똑같지 않다는 거냐?"
폴고레 할아버지는 깜짝 놀랐어요.

나는 알고 있었는데.

바로 확인해 봐야지.

그게 정말이에요?

패션의 완성은 가발!

폴고레 할아버지는 다시 열기구를 타고 하늘로 올라갔어요.
지구가 상냥한 목소리로 설명해 주었어요.
"저는 해 아저씨 주위를 일 년에 한 바퀴씩 돌아요.
약간 기울어진 채 돌기 때문에 햇빛을 많이 받는
곳도 있고, 적게 받는 곳도 있지요."

여기는 앞으로 6개월 내내
햇빛이 안 비춰
밤만 계속돼요.

대단해!

가을

9월 23일 무렵은 낮과
밤의 길이가 같아요.

여기는
아직도 밤

겨울

12월 22일 무렵은 낮이 가장
짧고 밤이 가장 길어요.

"아하, 해가 기울어져 있는 지구를 비추니까 계절이 생기는구나.
햇빛을 오래 받아서 낮이 길고 더운 곳은 여름이 되고,
햇빛을 덜 받아서 낮이 짧고 추운 곳은 겨울이 되고!"
폴고레 할아버지가 신이 나서 외쳤어요.

이제 낮과 밤, 계절이 어떻게 생기는지 알게 되었어요.
폴고레 할아버지는 친구들에게 책을 끝까지 읽어 줄 수 있었어요.
다 같이 무척 재미있게 들었답니다.

해 아저씨와 함께하는 신나는 과학 실험

차근차근 따라 해 보세요!
그동안 알지 못했던 재미있고 흥미진진한
사실들을 알게 될 거예요.

재미있는 손그림자 놀이

준비물: 전기스탠드, 그림자가 잘 보이는 하얀 벽, 양손

난이도: ☀️☀️

1 방을 어둡게 하고, 전기스탠드로 한쪽 벽면을 비춰요. 그런 뒤 전기스탠드와 벽 사이에 서면 그림자가 벽에 비칠 거예요.

2 동물 모양 그림자가 생기도록 양손으로 모양을 만들어요.
아래의 그림을 보고 따라 해 보세요.

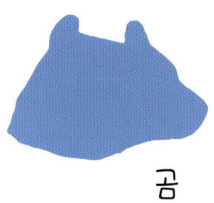 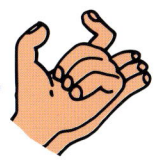
곰

오리

염소

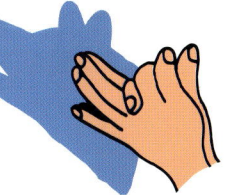
늑대

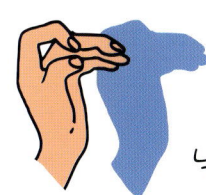
낙타

개

새

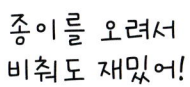
종이를 오려서
비춰도 재밌어!

빛은 똑바로 나아가요.
물체에 가로막히면 더 이상
나아가지 못하고 물체 뒤에
어두운 부분이 생기는데,
그게 바로 그림자예요.

해시계 만들기

준비물

 해

 막대기

 납작한 돌

 손목시계

사인펜

난이도

 ①

해가 쨍쨍한 날, 마당이나 공원으로 나가요. 땅에 막대기를 똑바로 세우고 움직이지 않도록 고정해요.

2

막대기의 그림자가 보이나요?
그림자를 관찰해 보세요.
해가 움직이면 막대기의 그림자가
짧아지기도 하고 길어지기도 해요.

이제 납작한 돌 위에
해야 할 일을 적어요.
양치질하기, 숙제하기 등
어떤 것이라도 좋아요.

4 손목시계를 보고, 양치질과 숙제를 하는
시각이 되면 막대기 그림자가 생기는 곳에
돌을 놓아요. 짠! 해시계를 완성했어요.

지금 같은 전자시계가 없었던 옛날에는 시각을 알기 위해
해시계를 사용했어요. 수직으로 세운 막대기에 생기는
그림자의 위치로 시각을 알아냈어요.

야고스티노 트라이니는 누구일까요?

저는 1961년에 태어났어요. 어렸을 때는 몰랐어요.

커서 그림책을 만드는 사람이 될 줄 말이에요.

한 권의 책을 만들려면 먼저 좋은 생각이 떠올라야 해요.

보통은 재미있는 등장인물들이 머릿속에 떠올라요.

엉뚱한 상황들도요.

하지만 가끔은 아무 생각도 나지 않을 때가 있어요!

생각이 떠오르면 그림을 그리기 시작해요. 먼저 연필로 그린 다음, 검은색 잉크로 다시 그려요.

그런 다음, 모든 장면을 색칠해요. 붓과 물감을 쓰기도 하고

컴퓨터로 작업할 때도 있어요. 이 책은 컴퓨터로 만들었어요.

이 모든 작업이 끝나면 인쇄해서 책이 완성됩니다. 정말 행복한 순간이지요!

Agostino Traini

아래의 주소로 저에게 이메일을 보낼 수 있어요.
agostinotraini@gmail.com

물 아저씨 과학 그림책

과학 공부의 시작은 물 아저씨와 함께! 세상 곳곳의
신기한 과학 현상을 배우며 지적 호기심을 가득 채워 보세요!

글·그림 아고스티노 트라이니 | 175×240mm | 32~48쪽

    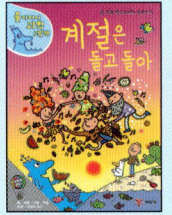 

 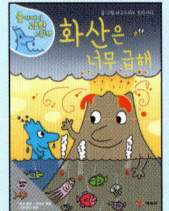 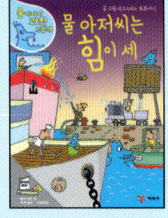   

  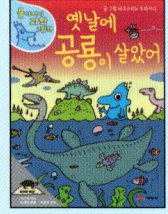  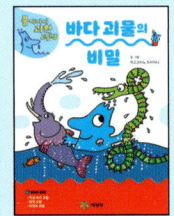 

1. 물 아저씨는 변신쟁이
2. 공기 아줌마는 바빠
3. 해 아저씨는 밤이 궁금해
4. 키다리 나무 아저씨의 비밀
5. 계절은 돌고 돌아
6. 물 아저씨와 감각 놀이
7. 알록달록 색깔이 좋아
8. 화산은 너무 급해
9. 물 아저씨는 힘이 세
10. 농장은 시끌벅적해
11. 바람 타고 세계 여행
12. 불 아저씨는 늘 배고파
13. 폭풍은 이제 그만
14. 물 아저씨와 몸속 탐험
15. 옛날에 공룡이 살았어
16. 파도가 철썩 지구가 들썩
17. 바다 괴물의 비밀

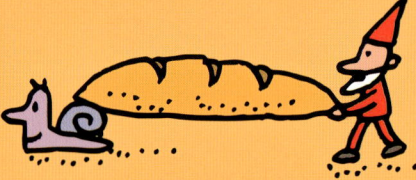